EDICT DV ROY,

PORTANT CREATION

en tiltres d'Offices formez, de
trois Confeillers de fa Majefté &
Receueurs Generaux & Payeurs,
& trois Controlleurs Generaux
anciens, alternatifs & triennaux
hereditaires des rentes conftituées fur les Fermes. *Januier 1695.*

*Verifié en la Chambre des Comptes & Cour
des Aydes le 16. May 1635.*

A PARIS,

Par A. ESTIENE, P. METTAYER, C. PREVOST
& P. ROCOLET, Impr. ordinaires du Roy.

M. DC. XXXV.

Auec Priuilege de fa Maiefté.

LOVIS PAR LA grace de Dieu, Roy de France & de Nauarre, A tous presens & à venir, Salut. Vn des plus asseurez moyens que nous auons toujours recogneu pour pouuoir soulager nostre peuple & diminuer les leuées que nous sommes à nostre grand regret contraints de leuer sur luy, a esté d'establir vn bon ordre en la distribution de nos deniers, par le moyen duquel n'y ayant aucune confusion au maniement d'iceux, le fonds de chacune nature de deniers ne peut estre diuerty & employé à autre effect que celuy auquel nous le destinons : Or entre toutes les natures de deniers dont nos Finances sont chargées, celles

A ij

des rentes que nous auons constituées à nos subjects pour l'argent
dont ils nous ont secourus en la ne-
cessité de nos affaires, a tenu & tient
le premier lieu dans le desir que
nous auons toujours eu de satis-
faire nosdits sujets de ce qui leur est
bien & legitimement deu, tant par
nous, que par les Roys nos prede-
cesseurs, ainsi que nous tesmoignõs
iournellement à vn chacun, par le
soin particulier que nous prenons
du payement desdites rentes, & en
la creation que nous auons faicte
des Officiers necessaires pour le
payement d'icelles, sçachant bien
que c'est le plus certain & solide re-
uenu, sur lequel nosdits sujets s'as-
seurent pour l'entretenemét d'eux
& de leurs familles, dont ceux ausquels lesdites rentes ont esté constituées ou appartiennent à pre-

sent, ont reçeu & reçoiuét vn si grãd
contentement, que nous auõs tout
sujet de loüer Dieu, comme nous
faisons de tout nostre cœur, qu'il
luy ayt pleu nous inspirer vn si
loüable dessein, & qu'il aye tellemét
reüssy, que ceux pour le repos des-
quels nous trauaillons iournellement ayent en fin ressenti les effets
de nos sainctes intentions, Et ayans
mis l'ordre que nous auons fait au
payemét des rentes que nous auons
assignées tant sur nos receptes ge-
nerales & Tailles, que sur les Gabel-
les, Aydes & sur ce qui prouient du
Clergé, nous auons trouué raison-
nable de pouruoir à celles qui sont
assignées sur les Fermes particulie-
res, & generalement sur toutes autres natures de deniers, pour le
payement desquelles il n'y a aucuns
Officiers creez en tiltre d'Office, iu-

geans bien que la creation que nous
ferons d'aucuns Officiers pour en
faire les payemens, apportera vn
grand fruit & vtilité tant à nosdits
sujets, ausquels lesdites rentes appartiennent, comme au bien de
nostre seruice, pouuant par vn seul
compte voir ce que nous ne pouuōs
sçauoir & apprédre que par vne in-
finité de petits comptes, lesquels se
rendent en plusieurs des Chambres
des comptes de nos Prouinces, nous
n'en pouuons estre éclaircis qu'auec
grande peine, & par vne grande
longueur de temps. A CES CAV-
SES, Sçauoir faisons, qu'apres auoir
mis cét affaire en deliberation en
nostre Conseil, où estoient aucuns
Princes de nostre Sang, autres Princes, & plusieurs Officiers de nostre
Couronne, & autres grands & nota-
bles personnages de nostre Con-

feil, De leur aduis, & de noftre cer-
taine fcience, pleine puiffance & au-
thorité royale , Auons par noftre
prefent Edict perpetuel & irreuo-
cable, creé & erigé en tiltre d'Offices formez, trois nos Confeillers &
Receueurs Generaux & Payeurs, &
trois Controlleurs Generaux anciens, alternatifs & triennaux hereditaires des rentes , dont les payemens font faits par nos Fermiers, &
autres perfonnes qui n'ont point
efté creez pour le payement defdites rentes , mefmes celles qui ont
efté par nous baillées à plufieurs Officiers fupprimez pour le rembourfement de leurs Offices , au lieu de
gages dont ils ioüiffoient , fors &
excepté pour les rentes conftituées
à l'Hoftel de Ville de Paris, & autres
rentes côftituées dans les Prouinces,
pour le payement defquels il y a des

Officiers establis : le fonds desquelles rentes sera receu par lesdits Receueurs, suiuant l'estat qui en sera arre-
sté en nostre Conseil, & enuoyé en
nos Chambres des Comptes pour
former la recepte desdits Offices,
lesquels nous auons par cettuy
mesme Edict creez & declarez,
creons & declarons Receueurs des
Consignations, depositaires de deniers procedans des debets de quittances, Greffiers des Immatricules,
déchargeurs des quittances, & Re-
gistrateurs des saisies, arrests &
mains-leuées d'icelles rentes, sans
que pour le registrement ils puis-
sent pretédre & exiger aucune cho-
se, à peine de concussion, Pour par
les pourueus desdits Offices les exer-
cer triennalement & conioincte-
ment, tous les trois Offices ensem-
ble, par vne seule & mesme per-
sonne,

fonne, s'il y échet, & en iouïr, eux,
leurs enfans, heritiers, fuccefleurs &
ayans caufe hereditairement, Auf-
quels Receueurs & Controlleurs
prefentement creez, nous auons attribué quarente mil liures de gages
par chacun an; fçauoir à celuy defdits Receueurs en exercice, feize mil
liures, & aux deux autres hors d'e-
xercice, chacun huict mil liures; & à
celuy defdits Controlleurs en exercice, quatre mil liures, & à chacun
defdits deux autres hors d'iceluy,
deux mil liures, dont le fonds fera
fait par chacun an dans l'eftat de
nos cinq groffes Fermes, à com-
mécer du premier du prefent mois,
comme auffi des efpices, frais, façon & redition de comptes: Et aux
mefmes honneurs, authoritez, pou-
uoirs, fonctions, priuileges & exem-
ptions attribuez, & dont iouïffent

B

les Receueurs Generaux & Payeurs
des rentes constituées sur l'Hostel
de nostre bonne Ville de Paris, &
Controlleurs Generaux d'icelles,
Sans que lesdits Receueurs Generaux & Payeurs desdites rentes, creez
presentement par le present Edict,
soient tenus de bailler caution &
certificateur des deniers de leurs receptes, dont nous les auons dé-
chargez par ces presentes: leur ac-
cordans aussi & ausdits Controlleurs, les mesmes décharges & fa-
cultez que nous auons accordées,
& dont iouïssent les Receueurs &
Payeurs, & Controlleurs desdites
rentes de l'Hostel de nostre bonne Ville de Paris, suiuant leur Edict
de creation, & nos Lettres de De-
claration du mois de Ianuier mil
six cens trente-trois, sans aucune
en excepter ny reseruer, encores

que le tout ne ſoit icy par le menu
ſpecifié & declaré : par les mains
deſquels Receueurs & Payeurs deſ-
dites rentes, les poſſeſſeurs d'icelles
les receuront, à commencer du premier iour de la preſente année : Les
comptes deſquelles rentes ils pour-
ront faire dreſſer par leurs Commis
en la meſme forme que les Receueurs & Payeurs des rentes conſti-
tuées ſur l'Hoſtel de Ville de Paris,
pour la façon deſquels nous leur
auons attribué & attribuós la ſomme de quatre mil liures, Sans que la-
dite ſomme puiſſe eſtre augmentée
& diminuée pour quelque cauſe &
occaſion que ce ſoit, ny que les Pro-
cureurs de noſtredite Chambre des
Comptes y puiſſe pretendre aucune
choſe. Et leſquels Receueurs Generaux, Payeurs & Controlleurs, feront la recepte, deſpenſe & con-

trolle du payement defdites rentes, fur les regiftres qui en font à prefent faits, ou fur ceux qui en feront dreffez en noftre Confeil, fur les comptes de ceux qui en ont fait les payemens, qui feront mis entre leurs mains, & dont ils compteront en noftre Chambre des Comptes de Paris, pour eftre dés à prefent par nous pourueu aufdits Offices de perfonnes capables, & cy apres, fur la fimple demiffion defdits pourueus, fans pour ce payer aucune finance pour la refignation, ny qu'au moyen de ce que lefdits Offices font creez hereditaires, ils puiffent eftre cenfez & reputez domaniaux, ny fujets à reuente, fuppreffion ou rembourfement.

SI DONNONS EN MANDEMENT à nos amez & feaux Confeillers les Gens tenans noftre Chambre des

Comptes & Cour de nos Aydes à
Paris, que ces presentes ils facêt lire
& enregiftrer, garder & obferuer
inuiolablemét, fans permettre qu'il
y foit contreuenu, faifant iouïr les
pourueus defdits Offices, du conte-
nu en icelles, ceffans & faifans cef-
fer tous troubles & empefchemens
quelconques, nonobftant tous E-
dicts, Arrefts & Declarations à ce
contraires, aufquelles & à la déro-
gatoire des dérogatoires y conte-
nuës, nous auons dérogé & déro-
geons par ces prefentes : CAR tel
eft noftre plaifir. Et afin que ce foit
chofe ferme, ftable & à toujours,
nous auons fait mettre noftre Seel
à cefdites prefentes, fauf en autre
chofe noftre droict, & l'autruy en
toutes. DONNE' à Paris au mois de
Ianuier, l'an de grace mil fix cens
trente-cinq, & de noftre regne le

vingt-cinquiéme. Signé, LOVIS:
A costé, Visa : & plus bas, Par le
Roy, DE LOMENIE. Et encor
est écrit:

Leu, publié & registré en la Cham-
bre des Comptes, Oüy le Procureur Gene-
ral du Roy, par le commandement de sa
Majesté, porté par Monsieur le Comte de
Soissons , Grand Maistre de France,
Gouuerneur & Lieutenant General pour
le Roy en Dauphiné , venu exprés en la-
dite Chambre , assisté du Sieur Duc de
Montbazon , & des Sieurs de Leon &
d'Ormesson, Conseillers de sadite Majesté
en ses Conseils d'Estat & Priué, le 16. iour
de May 1635. Signé, BOVRLON.

Leu, publié & registré par le com-
mandement du Roy, porté par Monsieur
le Comte de Soissons, assisté du Sieur Duc
de Montbazon, Cheualier des Ordres

dudit Seigneur, & des Sieurs de Leon &
d'Ormesson, Conseillers en ses Conseils
d'Estat & Privé, Oüy & ce requerant
son Procureur General. A Paris en la
Cour des Aydes, les Chambres assem-
blées le seiziéme iour de May, l'an mil
six cens trente-cinq.

Signé, BOVCHER.